RECIT

De ce qui s'est passé à la Fête Civique du Cercle Constitutionnel, de Versailles, le 21 *Janvier*, (v. s.), ou 2 *Pluviôse an* 6.

Après la fête, célébrée par les Autorités Constituées de cette Commune, et avoir assisté à la plantation de l'Arbre de la Liberté, les Citoyens composant le Cercle Constitutionnel, place de la Révolution, N.º 8; se sont réunis, dans un Banquet civique, avec leurs Epouses et leurs Enfans ; l'amour de la République, la Fraternité, la Décence, la Sobriété y ont présidé, et en ont fait tous les Charmes : pendant le Banquet, les Santés suivantes ont été portées :

A LA RÉVOLUTION FRANÇAISE.

Puissent tous les Peuples tyrannisés, ressentir sa sublime commotion.

A LA LIBERTÉ ET A L'ÉGALITÉ.

Puisse notre Législation être en harmonie avec ces deux principes, qui doivent être ses bâses immuables.

A LA RÉPUBLIQUE.

Puisse - t - elle réunir tous les esprits, appeler à elle toutes les affections, et consolider ainsi le bonheur social.

AUX RÉPUBLIQUES SŒURS.

Puisse dans nos Foyers, être reporté par elles, avec de nouveaux et inépuisables alimens, l'amour de la vertu, que nos Frères avaient développés dans leur sein, en purgeant leur Sol, de la présence de la Tyrannie.

AU CORPS LÉGISLATIF et AU DIRECTOIRE.

Puissent-ils, par une marche soutenue contre le Royalisme, toujours justifier les nombreux éloges qui leur ont été adressés par les Amis de la Liberté, depuis le 18 Fructidor.

AU XVIII FRUCTIDOR.

Puissent les Royalistes, vaincus encore dans ce Combat, éviter aux Républicains, un nouveau et facile Triomphe.

AUX MARTYRS DE LA LIBERTÉ.

Puisse le Peuple, un jour, poser d'une main juste, et libre, sur leurs Urnes civiques, la palme de l'Immortalité.

AUX ARMÉES.

Puisse la Reconnaissance Nationale, égaler leur Gloire et leur Valeur.

AUX ÉCRIVAINS PATRIOTES.

Puisse, après leur mort, la Postérité décerner à leur Courage, à leur Persévérance, le prix qui leur est dû, une Couronne Civique.

AUX SCIENCES.

Puissent-elles désormais être consacrées, avant tout, à diriger l'homme vers le bonheur social

A L'UNION.

Puisse-t-elle, de ses fortes étreintes, étouffer la haine des parties et rallier tous les cœurs à la Liberté, à l'Egalité.

La Musique de la Garde Nationale, qui s'était jointe à la Fête, a fait entendre, après chaque santé, les airs suivans : *Ça-ira : Nous ne reconnaissons en détestant*

(3)

*les Rois : La Marseillaise : La Buonaparte : Veillons
au salut de l'Empire : la Carmagnole : Mourir pour la
Patrie : Le Chant du Départ : Un Andante : Un
Adagio Spirituoso : Où peut-on être mieux qu'au sein
de sa famille.*

Immédiatement après le Banquet, tous les Citoyens
ont chanté en chœur, l'hymne des Versaillais : *Quels
Accens ! Quels Transports ! etc. etc.*

Un Citoyen chargé par le Cercle, de prononcer un
Discours relatif à la Fête, est monté ensuite à la
Tribune ; voici plusieurs parties de ce Discours.

Citoyens ; Vous m'avez chargé d'une Tâche glori-
euse, celle de vous retracer des Vérités utiles, des
Vérités, qui étant des faits de la plus sublîme Révolution ; sont par cela même de grandes leçons pour
l'enfance, la Jeunesse et l'âge mûr, et donnent encore
à penser à la vieillesse. Nous avons tous besoin de
nous retremper souvent dans ces eaux régénératrices
et corroborantes. Les Actes de vertu du Peuple Français, sont pour chaque Citoyen, qui veut servir la
Liberté, ce qu'est le Gymnase pour le Lutteur qui veut
se lancer dans l'Arene. L'Histoire ne nous aura
pas tranmis inutilement, qu'un fameux Athlete de
Sycionne, fit reculer tous ses rivaux, aux jeux
Olympiques, par le seul aspect de ses Muscles vigoureux. Républicains, votre force est la Vertu, la Vertu
est aussi une arme puissante, Couvrez-vous-en, et la
Royauté épouvantée, va fuir de notre Territoire. *La
Vertu dans les Républiques,* a dit MONTESQUIEU,
c'est l'amour de l'Égalité ; j'ajouterai, la Vertu, dans
les Cités libres, est encore ce dévouement à la
Patrie, qui connaît tout au plus le point de départ ;

mais qui n'espère même pas d'entrevoir un terme à sa civique ardeur......

Mais, Citoyens, les Pusillanimités liberticides, sont loin de vos cœurs généreux, et vous avez choisi le 21 Janvier, pour l'un de ces jours rémémoratifs des grands Principes et des grandes Choses......

Le 14 Juillet 1789, la Liberté avait embrâsée les cœurs de l'immense majorité des Français. Elle s'avançait majestueusement sur son Char, escortée de toutes les vertus publiques et privées; sur ses Étendarts, était écrit ce mot sacré ; *Égalité*. La Justice vengeresse et populaire, la Foudre à la main, lui ouvrait un passage, renversait de ses Carreaux enflâmmés, les Titres, les Distinctions, les Préjugés, le Fanatisme, tous ces Hochets de l'Orgueil, tous ces soutiens du Despotisme, toutes ces organisations de la Sottise et de l'Esclavage. La Nature semblait lui montrer le Chemin ; la Raison et les Sciences étaient assises près d'elles; les Arts embellissaient sa suite, ils burinaient déjà ses grands Triomphes. Au milieu du Cortége, se distinguait l'Innocence; elle s'attachait au Char de la Déesse ; le Crime la poursuivait encore, malgré l'Auguste appui, mais le Peuple Français, levant sa redoutable Massue, précipitait le Crime sous les Roues du Char de la Liberté ; et l'innocence sentait calmer ses allarmes, et l'Innocence avait enfin séché ses pleurs.

Déja la France entrevoyait le bonheur social, éclairée par les flambeaux de la philosophie, quand un homme, *Citoyens je me trompe....* Quand un monstre, le dernier de nos Rois, l'infâme Capet, conçut l'horrible projet d'étouffer la Liberté a son aurore. Il avait d'abord voulu la combattre avec les armes, mais il avait été vaincu, mais son armée aussi l'abandonna. Il voulut annéantir la Liberté, il fit semblant de la chérir, il sembla l'accueillir, il lui prodigua de perfides caresses; mais le Peuple avait les yeux ouverts sur le despote, et le perfide fut dévoilé, lorqu'il signait l'infâme traité de Pilnitz, lorsqu'il organisait l'armée des Émigrés; poussé par la rage homicide, honteux de lui-même il voulut fuir..... le Peuple était encore là, il arrêta ses pas. Citoyens, vous vous les rappellez ces jours où brillerent la modération publique, la fermeté Nationale; ces jours où la Royauté achevait de s'enfoncer dans la boue. Capet demandait bassement la vie. Le Peuple, grand dans sa justice et son triomphe, avait décrété, que le mépris, pour cette fois, serait seul le supplice du lâche.

Pourquoi la République ne fut elle pas décrétée à cette époque? que de malheurs de moins!!!!!! Que d'hommes vertueux n'eussent pas été martyrs!!!!

En effet, Capet revenu de sa juste terreur, conspira de nouveau. Il corrompit des Mandataires du Peuple. Le sang Français répandu à grand flots au Champ de la Fédération, cimenta l'horrible et nouvelle trahison. Victimes populaires et Républicaines, en tombant près l'Autel de la Patrie, votre mort servit la Liberté; ce fut sur cet Autel, couvert de votre généreux sang, que fut signé l'Arrêt de mort de l'infâme Royauté; c'est là que chaque homme libre fut jurer de vous venger.

Les nouveaux crimes de Capet, achevèrent d'insdigner tous les cœurs, la Guerre déclarée; nos Frontières vendues, nos Armées trahies, et livrées à l'égorgement des esclaves d'autres Despotes, les Patriotes les plus purs, incarcérés, soumis à des chambres ardentes..... *dix Aout*, je te salue! O jour mémorable! O jour d'une gloire sans pareille, oui je te salue. Le Despote, écrasé sous ses forfaits, est plongé dans ses propres Bastilles. *Dix Aout*, je te salue de rechef par toi, nos Guerriers triomphent, et les Brigands coalisés purgent de leur odieuse présence, le terroir de la Liberté....

Quand le tyran fut renversé, c'est alors que ses crimes parurent dans toute leur épouvantable évidence et dans toute leur monstrueuse diversité. Son éxécrable Armoire de fer, ira de génération en génération, épouvanter les peuples, des preuves irrécusables des plus hideux forfaits.....

Le 21 Septembre, la Convention Nationale, se rassemble, la République est décrétée; le procès de Louis commence. Citoyens, portez attentivement vos regards sur cette époque, vous y verrez encore l'influence de la Royauté, la discorde sémée avec habileté dans la Représentation Nationale, la Patrie divisée, l'Etat sur le point de se dissoudre, les Français prêts à s'entr'égorger. On se demande aujourd'hui, comment sur un tel homme et sur ses forfaits inouis la justice représentative, a pu un seul instant rester en suspens. *Mais la Nature avait souffert ce monstre pendant trop long-tems, le glaive des loix, en délivra l'humanité.* Ce fut le 21 Janvier 1793, que d'intrépides et impassibles Républicains, firent tomber sous la trop long-tems méconnue, mais redoutable faux de l'Egalité, l'héritier de soixante Despotes, le boureau des Français.....

Mais l'ombre du tyran a poursuivi encore jusqu'à ce jour, la Liberté et ses défenseurs les plus intrépides; le 18 Fructidor, peut à peine rendre aux patriotes l'énergie, cette âme de la Liberté; l'énergie, qui leur est si nécessaire; ils jettent sur le passé, de douloureux regards, ils voyent le génie de Louis 18 et de Cochon, moissonner la vertu par le fer des assassins, ou par des accusations fausses, de conspiration, contre la Liberté. Au nom de la cause auguste, que vous avez juré de défendre jusqu'à la mort, Républicains, je vous adjure de reprendre votre antique et saint enthousiasme. Que craignez-vous ? le Corps Législatif, le Directoire ne vous donnent-ils pas l'initiative d'une utile fermeté, et ne manifestent-ils pas par leurs actes, la volonté irrécusable, de sauver la Patrie par de bonnes Elections.

Les malheurs des récréations Royales et sanglantes, je le sais, rétrécissent l'esprit, sans que l'on s'en apperçoive, machinalement on s'interdit une certaine classe d'idées fortes, comme on s'éloigne d'un obstacle, qui nous blesserait, et lorsqu'on est accoutumé à cette marche pusillanime et circonspecte; on revient difficilement à une marche audacieuse et franche. Je le sais encore, nous ne sommes pas loin de ces tems ou une commission, qui se disait représenter le Peuple, s'écriait à la Tribune, *qu'il était tems, de sacrifier des Patriotes à la sureté du Gouvernement.* quelle est donc cette nouvelle anthropophagie, pouvait-on se demander ? les Gaulois

(8)

ont-ils relevés les Autels *livides et cadavreux de
l'affreux Teutatès.* Citoyens, nous étions alors sous
les Poignards de Louis 18 et de son royal Ministre.
Le 18 fructidor a dispersé les Agens de là Royauté,
achevons de vaincre la Tyrannie; la République
nous commande le courage. Qui de nous voudrait
méconnaître ses accens?

Déjà dans la République s'élevait, de toutes parts,
un cri contre cette impure Albion : cette île à la fois
esclave et avilie, contre l'odieux Gouvernement de
Georges et de l'infâme Pitt. Déjà l'Autel de la Patrie
se trouvoit couvert des dons patriotiques de tous les
bons Français. Pourquoi méconnoissant la main de
la Liberté qui faisait ces présens, s'est - on adressé
à la cupidité qui refuse tout, ou ne l'accorde
qu'en spéculant sur des gains impurs.? C'est que les
agens de Louis 18 ne sont pas encore tous atteints.
Patriotes, ralliezvous donc au faisceau de la République. Serrez vos rangs, mais aussi ouvrez-les à ces
hommes dont l'ignorance seule a causé l'éloignement·
Aigris par les pertes et les malheurs, ils ont besoin
du baume de la consolation publique : versez-le sur
leurs plaies; apprenez-leur à aimer, à servir la Patrie;
qu'ils apprennent aussi à vous connaître; la calomnie
près d'eux, n'avait-elle pas su vous transformer en
des monstres atroces.

Ouvrez aussi vos rangs à ces hommes autrefois
parmi vous, que la royauté égara dans le sentier de
la réaction; mais sachez bien les distinguer. L'erreur
a droit à l'indulgence : l'astuce, la duplicicité habile,
l'homme qui sciemment a souffert les malheurs des
Patriotes, ou y a participé, ceux-là ne méritent que

votre constante haîne et une surveillance active et corrodante.

Cependant quelque nécessaire que soit le rapprochement entre les partis : il ne doit pas affaiblir les progrès de l'esprit humain, retarder la marche de la révolution , ce n'est pas une lâche transaction, avec les principes sur lesquels est bâsée notre immortelle révolution, que je vous propose. Gardez-vous, ennemis de mon pays, d'attendre de moi une telle composition. Chargé de parler au nom du Peuple, je sais ce qui convient à sa dignité , à sa vertu , à sa puissance , à sa magnanimité. Non : une lâche composition sur les principes, ne sera pas la bâse d'union entre les défenseurs indéviables de la liberté, et les hommes que le repentir doit ramener. C'est à ceux restés en arrière , de rejoindre de bonne - foi , sans passion , sans amertume , les autres , que le génie, inspira et qui , par l'évidence naturelle , avaient été frappés de vérité et de conviction. Ennemis du Peuple , voyez dans ceci l'*ultimatum* de sa justice et de sa clémence....

C'est le jour du 21 Janvier ou la République fut vraiment fondée, qu'il est utile de se recorder sur elle. C'est aussi à cette époque que vous devez jeter des couronnes, des fleurs sur la tombe des défenseurs de la Liberté et de l'Égalité , sur celle de leurs martyrs. Vous devez ombrager leurs tombes ,. de chênes , de cyprès et de lauriers.

Eh ! quel Peuple fut jamais plus fécond en vertus, en prodiges ? Quand la Liberté inspira-t-elle plus de courage , de dévouement et de triomphes ? Dans ce qui nous est connu de l'histoire du monde , je ne vois que deux Peuples qui rivalisent avec la France :

celui de la Grèce, et celui de Rome. Mais nous comptons aussi nos *Licurgues*, nos *Solons*, nos *Platons*, nos *Socrates*, nos *Aristides*, nos *Thémistocles*, nos *Épaminondas*, nos *Léonidas*, nos *Valerius*, nos *Brutus*, nos *Camilles*, nos *Cincinnatus*, nos *Gracchus*. La victoire a reculé nos foyers. Les champs où sont tombés *Dampierre*, *Dugommier*, *Marceau*, où sont déposées leurs cendres généreuses, ne pouvaient être que Français et libres ; et déjà la volonté nationale désigne, que la Liberté donnée à la Patrie de *Rienzi*, sera la vengeance offerte aux mânes du vertueux *Basseville*, et de l'intrépide *Duphot*.

Citoyens et Guerriers, morts pour la Patrie, que ne puis-je, vous appelant par vos noms, (jeune et énergique *Hoche*, je ne t'oublirai pas), que ne puis-je vous payer à tous individuellement ici, les justes tributs dus à votre mémoire. Mais votre immensité demande une bien longue histoire et la plume d'un nouveau Plutarque. Acceptez donc ici en masse, l'hommage nationale que par ma bouche, les Républicains de Versailles vous décernent en ce jour.

Cependant, Citoyens, je veux vous rappeler un trait, que les *Thermophiles* Spartiates égalent à peine. Vingt-cinq de nos Guerriers, de ces Grenadiers qui, presque toujours enchaînent la victoire, ou dont les défaites sont plus glorieuses encore que les triomphes. Cernés dans une redoute, avaient de milliers d'ennemis centuplés leurs remparts ; mais la retraite ne leur était plus possible : Condé les entouroit et ses infâmes émigrés parricides ; Condé désespérant de vaincre, veut que ces victimes courageuses ne lui échappent pas. Que fait-il ? il traite avec elles, et déjà les Républicains comptant sur une Liberté utile à la Patrie, ont rendu leurs armes. Ils croyent retourner dans leur camp. Condé les fait entourer de nouveau ; désarmés, il veut exiger d'eux, le cri infâme de *vive le Roi.* Vous eussiez vu à cette proposition, l'indignation civique animer la figure de nos Héros. *Plutôt mourir mille fois....* C'est leur cri unanime.... Condé se les fait traduire un à un. Cent Bayonnettes sont sur la poitrine du premier ; il s'écrie : *vive la République !* il tombe immolé à la fureur royale ! *Vertus de Sparte, embrassez les vertus Françaises !* Chacun des vingt-cinq, partageant la même inflexibilité, obtient de même cent coups de bayonnettes.... Beaux de gloire, de jeunesse et d'amour, ils comptoient bientôt revoler à leurs amantes, à leurs épouses, le front ceint du laurier de la victoire. Les sicaires d'un tyran ont tranché la trame de leurs vies ; le droit des gens est foulé aux pieds ; les loix de la guerre sont polluées.

Brigands Princes !!!!! Vous qui parliez tant de l'honneur. C'étoit donc là celui que vous aviez implanté à Coblentz !!! Gardez un tel honneur, il vous appartient bien.

Barbare et infâme Condé, la génération présente t'a déjà placé parmi les Phalaris et les Nérons.

Mais dans la Patrie d'un Gracque, me tairai-je sur lui. Jeune et vertueux Goujon, l'un des martyrs de l'horrible Prairial, que diroient de moi tous ceux dont j'exprime ici la pensée, si ton nom échappoit au besoin qu'ils ont de l'entendre prononcer. C'est ici, c'est dans cette cité, que se développèrent tes vertus civiques, tes talens rares et puissans ; c'est ici, que le vœu public t'éleva au glorieux poste de Mandataire du Peuple; c'est ici, comme dans l'histoire, que ton nom sera immortel. Victimes *sextaires* de Prairial, quand vous vous suicidâtes, les ombres des Gracques et de Rienzi, tressaillirent dans leurs tombes. Notre imaginationvous voit aux champs élisés, reçues par cesmânes populaires, et admise près d'eux. *Vertus de Rome, ne soyez point jalouses....*

Ainsi donc, à l'aniversaire du jour où succomba la tyrannie, dans la personne de l'infâme Capet, le souvenir des vertus civiques est un tribut nécessaire. Ce jour est doublement celui de la justice nat'onale.. Lepeletier, je te vois me présenter ton flanc ensanglanté. Le 21 Janvier est aussi le lendemain de l'époque où la royauté t'immola; où l'ayant condamnée avec courage, elle t'entraîna dans sa tombe par un lâche assassinat. Tu fus le premier martyr de la Liberté. Les hommes libres te portérent au temple de l'immortalité. Les réacteurs t'en ont banni. Mais ils n'ont pu t'enlever tes titres à la gloire; ils n'ont pu effacer le souvenir de tes vertus publiques et de la reconnoissance du Peuple. Il me semble la voir encore cette marche triomphale, ou l'on porta tes restes au Capitole. Le peuple s'empressait an cortège national; la beauté et la reconnaissance faisaient voler les fleurs et les couronnes civiques, et traçaient, pour ainsi dire, par ces monumens de sensibilité, le chemin de ton dernier voyage.

Lepeletier, un seul tribut manque à ta gloire, c'est à l'enfance à te le payer un jour; c'est à la Patrie à lui donner les moyens de s'acquitter envers toi. Que l'éducation Républicaine soit *égale, commune et forcée ;* et l'enfance s'acquittera : *elle t'appellera son second père.*

L'Homme qui avoit voté pour effacer dn code des Loix la peine de mort, fut assassiné par la royauté. Sanglante royauté, voilà bien de tes œuvres! Tu fus *une étrange exception à la raison publique, une bien longue erreur du genre humain* (1).

Heureux le Citoyen, trop heureux est-il, celui qui, après avoir servi sa Patrie, reçoit d'elle avec le chêne civique, la couronne de l'immortalité. ...

C'est donc le plus odieux des Tyrans, qui entraîna, dans sa tombe, l'un des élus, l'un des amis du Peuple, et tous ces Martyrs civils et Guerriers, qui cimentérent de leur sang la Liberté française. Jurons en ce jour mémorable, une haîne inextinguible, à la Royauté, à ses Complices. Promettons, appui, secours et dévoue- ment au Génie. Honorons le Génie, c'est à lui seul qu'il appartient de fonder, de réparer les constitutions des Empires. Fille de la mollesse et de la corrup- tion, lorsque la médiocrité prend les rênes du Gour- vernement, que le crime ou la lâcheté font tomber en ses mains, il arrive que les tourmentes révolutionnai- res se prolongent ; les Angoisses politiques amènent la dissolution des principes de vie du corps Social ; et le Colosse qui , naguéres, semblait embrasser l'Uni- vers de ses Muscles vigoureux, tombe et languit sans force, et enchaîné au sein du Despotime.

Républicains, *les traines Royales subsistent encore,* mais vous êtes au poste ou la Patrie vous a placé ;

---

(1) Expressions de Michel Lepeletier , dans son opinion , lors du procès de Capet.

restez y immuables et unis. Si les Poignards de Louis 18 nous atteignent, si les Bayonnettes de l'infâme Condé se levent encore sur nos Poitrines, en Républicains nous saurons mourir. Le jour où la tête du Tyran tomba; les Hommes libres doivent crier, *vive la République*, et la faire triompher. Mais déjà j'apperçois dans vos regards des augures favorables; je termine par le mot chéri des Français; V I V E L A R É P U B L I Q U E. La Salle, du Banquet, a retentie alors du Cri unanime de vive la République. Un autre Citoyen a succédé à l'Orateur a récité des Morceaux d'un Poëme sur la Révolution, dont il est l'Auteur; en voici quelques passages.

> Puissent à nos neveux, mes tableaux déchirans,
> Inspirer le mépris, et l'horreur des tyrans!
> S'il s'en présentait un, qu'un Brutus plein de zèle,
> Le poignarde à l'instant, fut-il un Marc-Aurèle;
> D'un tel sage il peut naitre un Tibère, un Néron,
> Un Calligula, un Claude..... et peut-être un Bourbon;
> Tout peuple qui se donne un seul homme pour maître,
> Est opprimé dès lors, on doit s'attendre à l'être........
>
> Le Trône est renversé le peuple souverain,
> Ne vit plus dans Capet, qu'un infâme assassin,
> Qui, lorsqu'il se disait le Roi des Patriotes,
> Les livrait; le perfide, au boureau des despotes;
> Qui voulait le 10 Aôut, plus cruel que Néron.
> Voir nager dans le sang toute la Nation.
> Le Sénat assemblé, de la France l'organe,
> D'une voix courageuse à la mort le condamne;
> L'Echaffaud est dressé : le tyran y parut;
> Mais en lâche, et priant pour qu'on le secourut.
> Thémis a de ses jours coupé la trame inique,
> La Royauté n'est plus, vive la République.

Un autre Citoyen a succédé et a chanté une Chanson satyrique sur les sang-sues publiques; en voici quelques couplets :

> Vive le 18 Fructidor !
> Oui, mais qu'on nous rende notre or,
> Et que l'infâme qui s'en gorge,
> Commence enfin à rendre gorge,

Ou la démence est de saison,
Ou convenez que j'ai raison :
Qu'il fau` que mon vœu s'accomplisse ;
Et qu'ajourner , c'est injustice.

Voyez ce Coëffeur insolent :
Savez - vous quel fut son talent ?
Pour mieux exercer la rapine ,
Il spécula sur la famine.

Ah ! combien ce gueux parvenu ,
Long - tems Chambrelan inconnu,
Compte grâce à l'agiotage ;
De compagnons de brigandage.

Dans ces wiskis les voyez - vous
Courir par bandes ces filoux :
Et ces sultanes si divines ,
Merveilleuses. . . . de nos cuisines ?

Par les plus grossières Laïs ,
Tous nos Théâtres envahis ;
Eunemies de toute décence ,
Sont une école de licence.

Puisque les délits sont constans ,
Si nous les souffrons plus long-tems ,
Aulieu de venger leurs victimes ,
C'est autoriser tous les crimes.

Mes Amis , si ma motion
Mérite votre attention ,
Il serait peut-être fort sage
D'en faire au Conseil un Message.

Alors une collecte a été faite pour l'indigence : aussitôt après, a été chantée en chœur l'*Hymne des Marseillais* ; et les cris mille fois répétés de *vive la République*, ont terminé cette fête civique. Le plus grand ordre y a régné : la sobriété Républicaine en avait fait les préparatifs. Les Citoyens se sont retirés chacun chez eux , le cœur plein des tableaux d'union et de Républicanisme qu'ils venaient d'avoir sous les yeux , rendant grâce à la journée du 18 Fructidor, au Gouvernement qui l'a fait , qui sent que c'est réellement par les réunions civiques , que l'esprit

(16)

public se maintient, et que c'est par l'esprit public,
que l'on peut seulement consolider la République.

Les Citoyens soussignés, Membres du Cercle Cons-
titutionnel, sont convenus de faire Imprimer et Afficher
à leurs frais, ce récit de la Fête.

Le Meunier, Moisant, Philippe Rosquin, Rondeau,
Baudoin, Cahanin, Fortin, Legrand, Décourti,
Bonnin, St. Paul, Ziwny, Rosset, Laurant, le
Mariez fils, Normand, Petou, Isoré, Basiere, Garreau,
Bourdon, Hô, Vistot, Duchésne, Lerat, Villemonté,
Frappé, Riquart, Divalle, Pichot, Masson, de saint-
Martin Fils, Bardoux, Usanne, Paradis, Potel,
Dufourg, Marchand, Marescôt, Ratier, Delage,
Lesoif, Laurant, Maupin, Denis, Cormignole,
Baudri, Potier, Jobart, Germain, Courtés, Imbert,
Jourdain, N. Dodin, Clauset, Atoch, Vairon,
Bouland, Huet, Fiault, Chéron, Beaudri, Charles,
Normand, L'arpenteur, Arnous, Madelene, Felix
Lepéletier, Sévenez, Thiriot, Bouvin, Boulogne,
Leroux, Lagrue, Notte, Benoit, Bergé, Millet,
Pichot, Huey, E.-P. Clémendot, D'olivier, Salanave,
Marchand, Pemoui, Sadou, Combrai, Grandin,
Thuilliez, Baudez, Chevalier, François, Dereins.

A Versailles, de l'Imprimerie de LOCARD Fils,
Avenue de l'Orient, N.º 42.